BEI GRIN MACHT SICH IHR WISSEN BEZAHLT

Statistical Computing mit R. Der perfekte Wohnort anhand der Wettervariabilität

Daniel Falkner

Bibliografische Information der Deutschen Nationalbibliothek:

Die Deutsche Nationalbibliothek verzeichnet diese Publikation in der Deutschen Nationalbibliografie; detaillierte bibliografische Daten sind im Internet über http://dnb.d-nb.de abrufbar.

ISBN: 9783346858900
Dieses Buch ist auch als E-Book erhältlich.

© GRIN Publishing GmbH
Trappentreustraße 1
80339 München

Druck und Bindung: Books on Demand GmbH, Norderstedt Germany
Gedruckt auf säurefreiem Papier aus verantwortungsvollen Quellen

Das vorliegende Werk wurde sorgfältig erarbeitet. Dennoch übernehmen Autoren und Verlag für die Richtigkeit von Angaben, Hinweisen, Links und Ratschlägen sowie eventuelle Druckfehler keine Haftung.

Das Buch bei GRIN: https://www.grin.com/document/1350792

Statistical Computing

4. Semester

Studiengang Digital Business Management (B.A.)

„Statistical Computing mit R – der perfekte Wohnort anhand der Wettervariabilität"

Fallstudie

von

Daniel Falkner

24.02.2022

Inhaltsverzeichnis

Abbildungs- und Tabellenverzeichnis

Gendererklärung

Zur besseren Lesbarkeit werden in dieser Fallstudie personenbezogene Bezeichnungen, die sich zugleich auf Frauen, Männer und Diverse beziehen, generell nur in der im Deutschen üblichen männlichen Form aufgeführt.

Dies soll jedoch keinesfalls eine Geschlechterdiskriminierung oder eine Verletzung des Gleichheitsgrundsatzes zum Ausdruck bringen.

1. Einleitung

1.1 Themenstellung

Im Rahmen des Studiums „Digital Business Management" mit dem Schwerpunkt „Data Science" wird eine Fallstudie bearbeitet. Die iu – internationale Hochschule stellt drei Varianten zur Bearbeitung des Moduls „Statistical Computing" zur Verfügung. Statistical Computing verbindet zwei wissenschaftliche Disziplinen, die der Statistik und der Informationstechnologie. Für das wissenschaftliche Rechnen werden computergestützte Anwendungen verwendet und auch Teilgebiete der Mathematik eingesetzt (Sauer 2019, S. 5–7). In dieser Arbeit wird die „Aufgabenstellung 2: Der ideale Wohnort" bearbeitet. Es handelt sich um eine fiktive Aufgabenstellung, die eine praxisnahe Erarbeitung ermöglichen soll.

Der Studierende und seine Lebenspartnerin haben die Möglichkeit den Beruf vollständig im Home-Office auszuüben. Beide Parteien sind daher sehr flexibel und wollen einen neuen Wohnort in Deutschland suchen. Es werden Überlegungen angestellt, welcher Ort hierfür in Frage kommt. Die Wettervariabilität spielt eine zentrale Rolle bei der Wahl des neuen Wohnorts. Das Wetter soll so konstant wie möglich sein. Der Deutsche Wetterdienst stellt auf seiner Website frei verfügbare Wetterdaten bereit, die verwendet werden, um die Klimadaten der letzten Jahrze zu analysieren.

1.2 Zielsetzung

Ziel der Fallstudie ist der geeignete Transfer von Theorie in die Praxis, anhand eines konkreten Beispiels. In dieser Arbeit liegt der Fokus auf der praktischen Anwendung der Statistik-Software R. Es werden Daten in die Anwendung R integriert und mit entsprechenden Auswertungsmethoden analysiert. Als Ergebnis soll ein Ort präsentiert werden, die den gewählten Kriterien für eine geringe Wettervariabilität entsprechen sowie eine Vorhersage zu den Wetterdaten der kommenden drei Jahre.

1.3 Vorgehensweise

In der Einleitung wird der Kontext der Fallstudie zum Thema Statistical Computing geklärt. Daraufhin erfolgt die Erläuterung des Forschungsdesigns. Es werden zunächst Kriterien für eine geringe Wettervariabilität ausgewählt und eine Forschungsfrage definiert. Die Heuristik beschreibt Gründe für die Wahl des Wohnortes für das Pärchen. Mithilfe der Heuristik wird eine Vorauswahl von zehn Orten getroffen und entsprechende Wetterdaten aus dem CDC-Portal des Deutschen Wetterdienstes extrahiert. Diese Wetterdaten werden anschließend mit der Anwendung R aufbereitet und analysiert. Hierfür werden R-Skripte definiert, die eine numerische und grafische Analyse ermöglichen. In der Analyse wird nach Mustern und Auffälligkeiten in den Daten gesucht und diese beschrieben. Abgerundet wird die Fallstudie durch eine Diskussion der Ergebnisse in einem Fazit.

2. Fallvorstellung

2.1 Auswahl der Kriterien

Gefragt ist der ideale Wohnort in Deutschland, um umweltbewusst den Lebensmitteleinkauf mit dem Fahrrad zu erledigen. Abhängig ist die Suche von der Wettervariabilität des Orts. Dabei spielen drei Faktoren eine Rolle. Die Anzahl der Sonnenstunden, die Windgeschwindigkeit und die Temperatur.

2.2 Forschungsfrage

Welcher Wohnort in Deutschland weist die geringste Wettervariabilität in Bezug auf Sonnenstunden, Windgeschwindigkeit und Temperatur auf, um den Lebensmitteleinkauf regelmäßig mit dem Fahrrad zu erledigen?

2.3 Heuristik

Da sich das Wetter in den Bergen und an der Küste schnell ändert, ist ein Ort in einem mittleren Gebiet eine gute Wahl. Damit die Lebensmittelläden auch gut mit dem Fahrrad erreichbar sind, eignen sich vor allem Großstädte in Mitteldeutschland. Ganzjährig sollen die Temperatur, die Windgeschwindigkeit und die Anzahl an Sonnenstunden eine geringe Variabilität aufzeigen.

3. Forschungsdesign und Datensammlung

3.1 Forschungsdesign

Ergebnis der Analyse ist eine Liste von Ortschaften, die nach Variabilität der gewählten Eigenschaften sortiert ist. Die Klimadaten können über das zentrale Datenangebot des Deutschen Wetterdienstes (CDC Portal) abgerufen werden. Aus dem CDC-Portal werden alle Daten der Orte der letzten zehn Jahre extrahiert. Anschließend erfolgt das Importieren der Klimadaten in die Anwendung R. Die Anwendung R wird verwendet, um statistische Berechnungen und eine grafische Aufbereitung der Daten der letzten Jahre durchzuführen. Die Vergleichbarkeit der Orte hinsichtlich der Klimadaten wird durch die Berechnung eines Variabilitätsscores der vergangenen zehn Jahre ermöglicht. Als Resultat wird eine sortierte Liste von zehn möglichen Ortschafen präsentiert. Um eine Entscheidung treffen zu können, werden die drei Parameter zu gleichen Teilen gewichtet. Der Ort mit der geringsten Wettervariabilität wird ausgewählt. Mithilfe der einer Zeitreihenanalyse wird eine Vorhersage der Temperatur für alle Tage der nächsten drei Jahre für den neuen Wohnort erstellt.

3.2 Datensammlung

Die Datensammlung gliedert sich in zwei Teile. Eine Vorauswahl von zehn Orten über Google Maps und eine Extraktion der zugehörigen Daten der Orte im CDC-Portal des Deutschen Wetterdienstes. Über Google Maps wird eine Suche nach zehn Großstädten im mittleren Gebiet Deutschlands angestellt. Die größten Städte Deutschlands, gemessen an der Einwohnerzahl, sind bereits durch eine größere Schrift auf der Karte hervorgehoben. Über diese Visualisierung werden zehn Großstädte ausgewählt. Das Ergebnis der Suche ist eine Liste mit folgenden Orten:

- Düsseldorf
- Köln
- Magdeburg
- Frankfurt am Main
- Leipzig
- Dresden
- Berlin
- Erfurt
- Hannover
- Essen

Anhand dieser Liste werden im CDC-Portal des Deutschen Wetterdienstes Wetterstationen in der Nähe dieser Orte ausgewählt. Hierfür wird das CDC-Portal aufgerufen und unter dem Abschnitt Werkzeuge die CDC-Suche ausgewählt (Anhang 1). In der Suchmaske werden die drei Parameter Tagesmittel der Stationsmessungen der mittleren Windgeschwindigkeit in ca. 10 m Höhe in m/s, tägliche Stationsmessungen der Sonnenscheindauer in Stunden und tägliche Stationsmessungen des Minimums der Lufttemperatur in 2 m Höhe in °C ausgewählt. Die Aktivierung des Filters ist möglich, indem die Schaltfläche „zum Produkt" getätigt wird. In der Suchmaske kann jeweils ein Filter aktiviert werden, wodurch es notwendig ist diesen Schritt für die ausstehenden Parameter zwei weitere Male zu wiederholen (Anhang 2). Mithilfe des Filters wird die Kartenansicht im CDC-Portal aufgerufen. Beim Menüpunkt Einstellung kann der Zeitraum der Auswertung und die vorhandenen Stationen gewählt werden. Der Zeitraum wird auf die vergangenen zehn Jahre vom 01.01.2013 bis 31.12.2022 befristet. Es ist notwendig das Icon mit dem Zahnrad im Abschnitt „Zeit" zu aktivieren, um die Auswahl des Zeitraums für alle drei Parameter zu übernehmen. Im Abschnitt „Tabelle" kann eine Eingrenzung auf die zehn Orte vorgenommen werden. Hierfür wird im Feld „Filter" mit dem Namen des Ortes eine Suche gestartet und die Auswahl der Wetterstation mit einem Haken über-nommen (Anhang 3). Im Menüpunkt „Auswahl und Downloads" werden alle gewählten Produkte inklusive des Zeitraums angezeigt. Der Download der Daten kann mit dem blauen Icon (Anhang 3) gestartet werden. Dieser Vorgang wird für jeden Parameter wiederholt und je eine Datei kann im CSV-Format auf dem lokalen Rechner abgelegt werden.

Die Ortsnamen der Stationen sind durch eine Identifikationsnummer pseudonymisiert. Hierfür wird eine CSV-Datei mitgeliefert, die diese aufschlüsselt. Für die weitere Verwendung der Daten wird die Zahlenfolge als Stationsname beibehalten.

Das Ergebnis der Datensammlung sind drei CSV-Dateien (Sonnenstunden, Windgeschwindigkeit, Temperatur) aller zehn Orte und den täglichen Parameterwerten über die letzten zehn Jahre (01.01.2013-31.12.2022) und eine CSV-Datei mit den Ortsnamen und der Identifikationsnummer.

4. Statistische Berechnung in R

4.1 Der perfekte Wohnort anhand der geringsten Wettervariabilität

4.1.1 Datenbereinigung

Alle extrahierten Daten der CSV-Datei sind in Excel in einer Zelle gespeichert. Es sind auch redundante Daten enthalten, die zur weiteren Bearbeitung nicht benötigt werden. Die Bereinigung erfolgt für die drei Dateien der Sonnenscheindauer, Temperatur und Windgeschwindigkeit. Durch die Excel-Funktion „Text in Spalten" im Register „Daten" werden die mit einem Komma getrennten Daten auf einzelne Spalten aufgeteilt. Anschließend werden die Spalten „Produkt_Code", „Qualitaet_Byte" und „Qualitaet_Niveau" (redundante Daten) entfernt. Die Spalte „SDO_ID" wird in „Ort_ID" und die Spalte Wert in „Wert_S"" umbenannt. Beim Speichern der Änderung wird die CSV-Datei in eine xlsx-Datei umgewandelt. Die beschriebenen Schritte werden auch für die Dateien der Temperatur (Unterschied: Wert wird in „Wert_T" umbenannt) und Windgeschwindigkeit (Unterschied: Wert wird in „Wert_W" umbenannt) angewendet.

4.1.2 Datenimport in R

Damit die benötigten Befehle für die Bearbeitung dieser Fallstudie in R verfügbar sind, müssen vorher entsprechende Pakete installiert und geladen werden. Im Anschluss wird der Arbeitspfad definiert. Hier handelt es ich um den Dateipfad, wo sich die zu ladenden Dateien befinden. Daraufhin erfolgt das Laden der drei Excel-Dateien in die Anwendung R (Anhang 4).

4.1.3 Datenaufbereitung in R

Nachdem die Excel-Dateien in R importiert sind, werden die Datensätze nach „Ort_ID" gefiltert und nach dem Ortsnamen benannt (Abbildung 1). Die Decodierung der Zahlenreihe in Ortsnamen kann durch die CSV-Datei aus dem CDC-Portal erfolgen. Auf den Datensätzen der letzten zehn Jahre je Ort wird eine Berechnung der Mittelwerte und Standardabweichungen durchgeführt (Abbildung 2). Um die Ergebnisse zusammenzutragen wird eine Tabelle „Liste" erstellt (Abbildung 3) und die Werte übertragen (Abbildung 4). Die Tabelle kann in der Konsole abgerufen werden. Diese ist jedoch unsortiert (Abbildung 5). Abschließend wird die Tabelle „Liste" aufsteigend nach der Standardabweichung sortiert (Abbildung 6).

```
1   S_Dresden <- filter(Sonnenscheindauer, Ort_ID==1048)
2   S_Düsseldorf <- filter(Sonnenscheindauer, Ort_ID==1078)
3   S_Erfurt <- filter(Sonnenscheindauer, Ort_ID==1270)
4   S_Berlin <- filter(Sonnenscheindauer, Ort_ID==427)
5   S_Hannover <- filter(Sonnenscheindauer, Ort_ID==2014)
6   S_Leipzig <- filter(Sonnenscheindauer, Ort_ID==2932)
7   S_Frankfurt <- filter(Sonnenscheindauer, Ort_ID==1420)
8   S_Köln <- filter(Sonnenscheindauer, Ort_ID==2667)
9   S_Essen <- filter(Sonnenscheindauer, Ort_ID==1303)
10  S_Magdeburg <- filter(Sonnenscheindauer, Ort_ID==3126)
```

Abbildung 1: Sonnenscheindauer nach Ort

```
summarise(S_Berlin, mean(Wert_S, na.rm = TRUE), sd(Wert_S, na.rm=TRUE))
summarise(S_Düsseldorf, mean(Wert_S, na.rm = TRUE), sd(Wert_S, na.rm=TRUE))
summarise(S_Erfurt, mean(Wert_S, na.rm = TRUE), sd(Wert_S, na.rm=TRUE))
summarise(S_Essen, mean(Wert_S, na.rm = TRUE), sd(Wert_S, na.rm=TRUE))
summarise(S_Frankfurt, mean(Wert_S, na.rm = TRUE), sd(Wert_S, na.rm=TRUE))
summarise(S_Hannover, mean(Wert_S, na.rm = TRUE), sd(Wert_S, na.rm=TRUE))
summarise(S_Leipzig, mean(Wert_S, na.rm = TRUE), sd(Wert_S, na.rm=TRUE))
summarise(S_Magdeburg, mean(Wert_S, na.rm = TRUE), sd(Wert_S, na.rm=TRUE))
summarise(S_Köln, mean(Wert_S, na.rm = TRUE), sd(Wert_S, na.rm=TRUE))
summarise(S_Dresden, mean(Wert_S, na.rm = TRUE), sd(Wert_S, na.rm=TRUE))
```

Abbildung 2: Berechnung Mittelwert und Standardabweichung Sonnenscheindauer je Ort

```
> Liste <- edit(as.data.frame(NULL))
```

Abbildung 3: Tabelle Liste erstellen

```
Dateneditor

Datei   Bearbeiten   Hilfe

       Ort          S_Mittelw>   S_Standar>   var
1      Berlin       4.94         4.51
2      Duesseldo>   4.64         4.36
3      Erfurt       4.76         4.35
4      Essen        4.67         4.41
5      Frankfurt    5.01         4.61
6      Hannover     4.51         4.33
7      Leipzig      5.26         4.52
8      Magdeburg    4.91         4.39
9      Koeln        4.52         4.4
10     Dresden      5.09         4.54
11
12
```

Abbildung 4: S_Mittelwert und S_Standardabweichung in Liste überführen

```
> Liste
          Ort  S_Mittelwert  S_Standardabweichung
1      Berlin          4.94                  4.51
2  Duesseldorf         4.64                  4.36
3      Erfurt          4.76                  4.35
4       Essen          4.67                  4.41
5   Frankfurt          5.01                  4.61
6    Hannover          4.51                  4.33
7     Leipzig          5.26                  4.52
8   Magdeburg          4.91                  4.39
9       Koeln          4.52                  4.40
10    Dresden          5.09                  4.54
```

Abbildung 5: unsortierte Ausgabe der Liste

```
> Liste <- Liste[order(Liste$S_Standardabweichung),]
> Liste
       Ort S_Mittelwert S_Standardabweichung
6   Hannover        4.51                4.33
3     Erfurt        4.76                4.35
2 Duesseldorf       4.64                4.36
8   Magdeburg       4.91                4.39
9      Koeln        4.52                4.40
4      Essen        4.67                4.41
1     Berlin        4.94                4.51
7    Leipzig        5.26                4.52
10    Dresden       5.09                4.54
5   Frankfurt       5.01                4.61
```
Abbildung 6: Liste sortiert aufsteigend der S_Standardabweichung

Für den Parameter Temperatur werden die vorangegangenen Schritte in R wiederholt. Die Definition der Temperaturen nach Ort (Anhang 5), die Berechnung der Mittelwerte und der Standardabweichungen (Anhang 6), die errechneten Werte werden in die bestehende Tabelle „Liste" eintragen (Anhang 7, Anhang 8) sowie die aufsteigende Sortierung nach Standardabweichung der Temperatur (Anhang 9). Für die Windgeschwindigkeit kann das Vorgehen adaptiert werden (Anhang 10-14).

Gemäß der Fragestellung werden die Daten der letzten drei Jahre für die Parameter Sonnenstunden, Temperatur und Windstärke grafisch und numerisch dargestellt. Hierfür wird die Excel-Datei entsprechend angepasst. Die Orte werden auf Spalten aufgeteilt und die Daten vor dem 01.01.2020 entfernt. Ergebnis ist eine bereinigte Excel-Liste (Anhang 15). Anschließend wird die Datei in R importiert und Boxplots erstellt (Anhang 16). Die einzelnen Boxplots werden je Parameter und Ort aufbereitet (Anhang 17-19).

Bisher sind ist die Orte in der Tabelle „Liste" nach je einem Parameter anhand der Standardabweichung sortiert. Um den geeigneten Ort mit der geringsten Wettervariabilität nach Sonnenscheindauer, Temperatur und Windgeschwindigkeit zu finden, wird ein Mittelwert aus den drei ermittelten Standardabweichungen („S_Standardabweichung", T_Standardabweichung", „W_Standardabweichung") je Ort gebildet. Hierfür werden die Werte aus der Tabelle Liste aufgerufen und eine neue Tabelle „Mittelwert_S" erstellt (Abbildung 7). Die Daten der Standardabweichungen der Sonnenscheindauer, Temperatur und Windgeschwindigkeit werden abgetippt (Abbildung 8). Anschließend erfolgt die Berechnung der Mittelwerte je Ort der Standardabweichungen und die Erstellung einer neuen Tabelle „Endergebnisse" (Abbildung 9). Die errechneten Mittelwerte werden in diese übertragen (Abbildung 10). Die Tabelle „Endergebnisse" wird nun aufsteigend nach den Mittelwerten sortiert (Abbildung 11), sodass der Ort mit der geringsten Wettervariabilität ganz oben in der sortierten Liste erscheint (Abbildung 12). Der neue Wohnort lautet Essen.

```
#Liste aufrufen
Liste

#Erstellen einer Tabelle, um Mittelwerte der Standardabweichungen zu berechnen
Mittelwert_S <- edit(as.data.frame(Mittelwert_S))
```
Abbildung 7: Tabelle Mittelwerte der Standardabweichungen erstellen

Abbildung 8: Tabelle Mittelwert_S

```
#Mittelwerte der Standardabweichungen berechnen
mean(Mittelwert_S$Berlin)
mean(Mittelwert_S$Dresden)
mean(Mittelwert_S$Duesseldorf)
mean(Mittelwert_S$Erfurt)
mean(Mittelwert_S$Essen)
mean(Mittelwert_S$Frankfurt)
mean(Mittelwert_S$Hannover)
mean(Mittelwert_S$Koeln)
mean(Mittelwert_S$Leipzig)
mean(Mittelwert_S$Magdeburg)

#Erstellen einer Tabelle zum Übertragen der Mittelwerte, um endgültige Sortierung vorzunehmen
Endergebnis <- edit(as.data.frame(NULL))
```

Abbildung 9: Berechnung Mittelwerte der Standardabweichungen je Ort

Datei Bearbeiten Hilfe

	Ort	Mittelwer>
1	Berlin	4.326667
2	Dresden	4.306667
3	Duesseldorf	4.04333
4	Erfurt	4.3
5	Essen	3.846667
6	Frankfurt	4.213333
7	Hannover	4.006667
8	Koeln	3.85
9	Leipzig	4.353333
10	Magdeburg	3.943333

Abbildung 10: Tabelle Endergebnis

```
#Sortierung der Tabelle Endergebnis aufsteigend
Endergebnis <- Endergebnis[order(Endergebnis$Mittelwert_S),]
```

Abbildung 11: Tabelle Endergebnis sortieren

```
> Endergebnis
            Ort Mittelwert_S
5         Essen    3.846667
8         Koeln    3.850000
10    Magdeburg    3.943333
7      Hannover    4.006667
3   Duesseldorf    4.043330
6     Frankfurt    4.213333
4        Erfurt    4.300000
2       Dresden    4.306667
1        Berlin    4.326667
9       Leipzig    4.353333
```

Abbildung 12: Sortierte Liste der Tabelle Endergebnis

4.2 Wettervorhersage für drei Jahre

Es wird versucht die Temperatur für die kommenden drei Jahre an jedem Tag in Essen vorherzusagen. Ergebnis soll die Prognose der Temperaturen vom 01.01.2023 bis 31.12.2025 sein.

Um eine Vorhersage zu erstellen, wird zunächst ein Regressionsmodell je Quartal entwickelt, mit dem die Temperatur mithilfe einer unabhängigen Variable, den Sonnenstunden, erklärt werden soll. Da für die Vorhersage drei Jahre in die Zukunft auch die Sonnenstunden verfügbar sein müssten, wird dieser Ansatz verworfen. Die Entwicklung dieses Regressionsmodells mit Bildung von Training- und Testdaten in R ist im Anhang 20 bis 23.2 festgehalten.

Als alternativen Ansatz für eine Prognose der Temperaturen wird eine Zeitreihenanalyse durchgeführt. Diese ist in den folgenden Kapiteln beschrieben.

4.2.1 Datenbereinigung

Für die extrahierten Wetterdaten aus dem CDC-Portal erfolgt eine Anpassung für die Zeitreihenanalyse. Hierfür werden redundante Daten aus der Excel-Datei entfernt, sodass die Daten vom 01.01.2013 bis 31.12.2022 für die Temperatur des Ortes Essen vorliegen. Die Datei enthält die Spalten „Zeitstempel" und „Wert_T" (Anhang 24).

4.2.2 Datenimport und -aufbereitung in R

Zunächst wird das notwendige R-Paket „forecast" installiert und geladen. Darauf folgt die Festlegung des Arbeitspfades und der Import der Excel-Datei „Essen_So_Te". Damit eine Zeitreihenanalyse erfolgen kann wird der Datei eine Zeitreihe mit dem „ts()"-Befehl hinzugefügt. Anschließend erfolgt die Modellierung des Vorhersagemodells für jeden Tag der kommenden drei Jahre und die Überführung in einen Data-Frame. Die Werte der Vorhersage werden in eine Excel-Datei im lokalen Ordnerlaufwerk exportiert. Diese Excel-Datei wird wiederum in R importiert, um die Zeitreihe mit dem „plot()"-Befehl entsprechend zu visualisieren (Abbildung 13).

```
#Installation Forecast-Paket
install.packages("forecast")
library(forecast)

#Arbeitspfad und Import Excel-Datei als Trainingsdaten
setwd("C:\\Users\\Lenovo\\OneDrive\\Dokumente\\Fallstudie\\Vorhersagemodell")
Temperatur_Essen <- read_xlsx("Essen_So_Te.xlsx", sheet=NULL, range=NULL)

#Zeitreihe erstellen
Zeitreihe_T <- ts(Temperatur_Essen$Wert_T, frequency=365)

#Vorhersagemodell mit forecast-Funktion
Vorhersage_T <- as.data.frame(forecast(Zeitreihe_T, h=1095))

#Werte in Excel-Tabelle exportieren
install.packages("openxlsx")
library(openxlsx)
write.xlsx(Vorhersage_T, file="C:\\Users\\Lenovo\\OneDrive\\Dokumente\\Fallstudie\\Vorhersagemodell\\3_Jahre.xlsx",
        sheetName="Vorhersage", rownames=FALSE)

#Excel-Datei 3_Jahre importieren
drei_Jahre <- read_xlsx("3_Jahre.xlsx", sheet=NULL, range=NULL)

#Vorhersage visualisieren
library(ggplot2)
plot(drei_Jahre$Zeitraum, drei_Jahre$`Point Forecast`, type ="o", main="Vorhersage 3 Jahre", xlab= "Zeitraum",
        ylab = "Temperatur in Grad C")
```
Abbildung 13: R-Skript Vorhersagemodell

Um die Vergleichbarkeit der Daten der Vergangenheit und der Vorhersage hinsichtlich der Tempe-ratur herzustellen, wird die Excel-Datei mit den Temperatur-Werten von Essen der Jahre 2020 bis 2022 importiert und mit einem „plot()"-Befehl visualisiert (Abbildung 14).

```
#Import Excel-Datei mit Temperatur 2020-2022 in Essen
setwd("C:\\Users\\Lenovo\\OneDrive\\Dokumente\\Fallstudie\\Vorhersagemodell")
Vergleich <- read_excel("Essen_So_Te.xlsx", sheet = NULL, range = NULL)
#Visualisierung der Temperatur von 2020-2022
plot(Vergleich$Zeitstempel, Vergleich$Wert_T, type ="o", main="Temperatur 2020-2022", xlab= "Zeitraum",
     ylab = "Temperatur in Grad C")
```

Abbildung 14: R-Skript Visualisierung Vorhersage 2020-2022

4.3 Analyse

Die Aufbereitung der Wetterdaten in der Anwendung R liefert verschiedene Ergebnisse. In einem ersten Schritt wurden die Mittelwerte und Standardabweichungen für die Sonnenscheindauer an einem Tag, das gemessene Minimum der Temperatur an einem Tag und die mittlere Windgeschwin-digkeit an einem Tag für den Zeitraum von 01.01.2013 bis 31.12.2022 berechnet. Bei der durch-schnittlichen Anzahl der Sonnenstunden unterscheiden sich die Orte nur geringfügig. Die Orte mit den meisten Sonnenstunden besitzen auch die größte Standardabweichung (Abbildung 6). Hinge-gen weisen die Orte mit den durchschnittlich höchsten Temperaturen die niedrigste Standardabwei-chung auf. Werden die Orte nach der mittleren Temperatur absteigend sortiert, fällt auf, dass sich die Orte in einer West nach Ost Sortierung darstellen lassen. Die Orte im Westen Deutschlands zeigen eine höhere mittlere Temperatur, als Orte in Ostdeutschland (Anhang 9). Bei der Windge-schwindigkeit ist auffällig, dass die mittlere Windgeschwindigkeit mit der Standardabweichung kor-reliert. Je niedriger die Windgeschwindigkeit, desto geringer die Standardabweichung der jeweiligen Orte (Anhang 14). Für die Auswahl eines geeigneten Wohnortes anhand der geringsten Wettervari-abilität wurde ein Score aus dem Mittelwert der drei Standardabweichungen gebildet. Dadurch ist eine endgültige Vergleichbarkeit der zehn Orte möglich. Der Ort Essen verfügt insgesamt über die geringste Variabilität bei den Parametern Sonnenscheindauer, Temperatur und Windgeschwindig-keit (Abbildung 10).

Die Wettervorhersage für jeden Tag der kommenden drei Jahre (01.01.2023 bis 31.12.2025) wurde auf Basis der Temperaturwerte der vergangenen zehn Jahre (01.01.2013 bis 31.12.2022) des Ortes Essen berechnet. Der grafische Vergleich der Temperaturen von 2020 bis 2022 (Anhang 25) mit der Vorhersage von 2023 bis 2025 (Anhang 26) für den Ort Essen zeigt, dass die Temperaturen ähnliche Merkmale aufweisen. Die Wellenbewegungen der Temperatur bei den Jahreszeiten Winter, Früh-ling, Sommer und Herbst stimmen überein. Auffällig ist jedoch, dass die Prognose die Temperaturen tendenziell höher vorhersagen. Die Höchsttemperaturen im Sommer der Jahre 2023, 2024 und 2025 liegt über den Vergangenheitswerten. Ebenso ist zu beobachten, dass die Temperaturen im Winter etwas milder vorhergesagt werden. Während in den Vergangenheitsdaten auch Minustemperaturen vorhanden sind, sagt das Prognosemodell lediglich Temperaturen über dem Nullpunkt voraus.

5. Fazit

In der vorliegenden Fallstudie wurde das Wetter der vergangenen zehn Jahre mithilfe von R analysiert und eine Prognose für die nächsten drei Jahre erstellt. Hierfür wurde eine Zeitreihenanalyse durchgeführt, welche es ermöglichte, Trends und saisonale Schwankungen im Datensatz zu identifizieren und zukünftige Entwicklungen vorherzusagen.

Die Ergebnisse der Analyse haben gezeigt, dass das Wetter in den vergangenen zehn Jahren in den untersuchten Regionen sehr unterschiedlich war. Keine Region konnte sich bei mehr als einem Parameter als Ort mit der geringsten Variabilität auszeichnen. Die Auswahl erfolgte mithilfe einer Variabilitätsscores.

Basierend auf den Daten der Temperatur des gewählten Ortes wurde eine Prognose für die kommenden drei Jahre erstellt. Die Ergebnisse der Prognose lassen darauf schließen, dass das Wetter in der untersuchten Region in den nächsten Jahren voraussichtlich ähnlich wie in den vergangenen Jahren sein wird, jedoch mit einigen Abweichungen. Um die Vorhersagegenauigkeit zu erhöhen könnte ein Modell zum Trainieren erstellt werden. Hierfür wäre eine Aufteilung der Daten in Trainings- und Testdaten notwendig, um das Modell anzupassen und zu verbessern. Diese Daten könnten die Grundlage für die Nutzung weiterer Technologien wie Künstliche Intelligenz mit Machine Learning darstellen.

Nach der Datenextraktion aus dem CDC-Portal stand eine große Menge an Daten zur Verfügung. Zunächst konnte aus diesen Daten ohne Aufbereitung und Analyse mithilfe der Anwendung R die Frage nach dem geeigneten Wohnort nicht beantwortet werden. Die Analyse offenbart, dass der Ort Essen die geringste Wettervariabilität anhand der gewählten Parameter aufweist. Insgesamt zeigt diese Fallstudie, dass eine gründliche Analyse von Zeitreihendaten mithilfe von R wertvolle Erkenntnisse über vergangene Entwicklungen und zukünftige Trends liefern kann. Die erstellten R-Skripte können ohne größere Anpassungen adaptiert und auf andere Daten angewendet werden.

Literaturverzeichnis

Sauer, Sebastian (2019): Moderne Datenanalyse mit R. Daten einlesen, aufbereiten, visualisieren, modellieren und kommunizieren. Wiesbaden, Nürnberg: Springer Gabler; FOM Hochschule (FOM-Edition). Online verfügbar unter https://ebookcentral.proquest.com/lib/kxp/detail.action?docID=5654951.

Verzeichnis der Anhänge

Anhänge

Anhang 1: Übersicht CDC-Portal

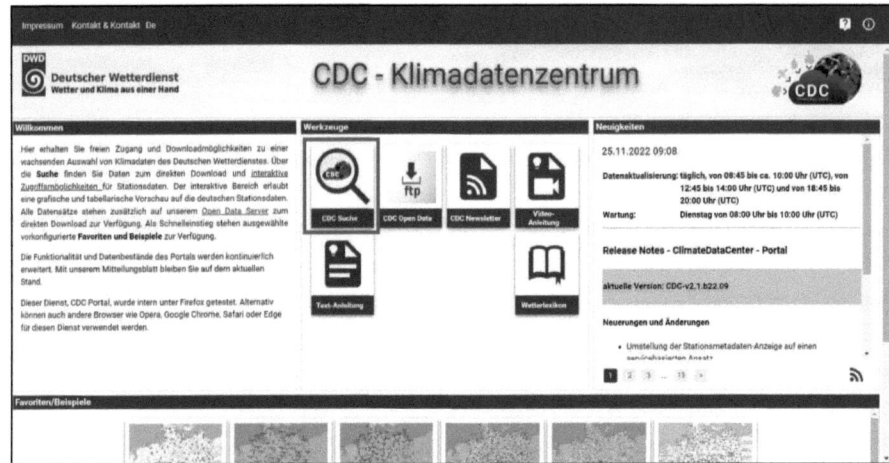

Anhang 2: Suchmaske CDC-Portal

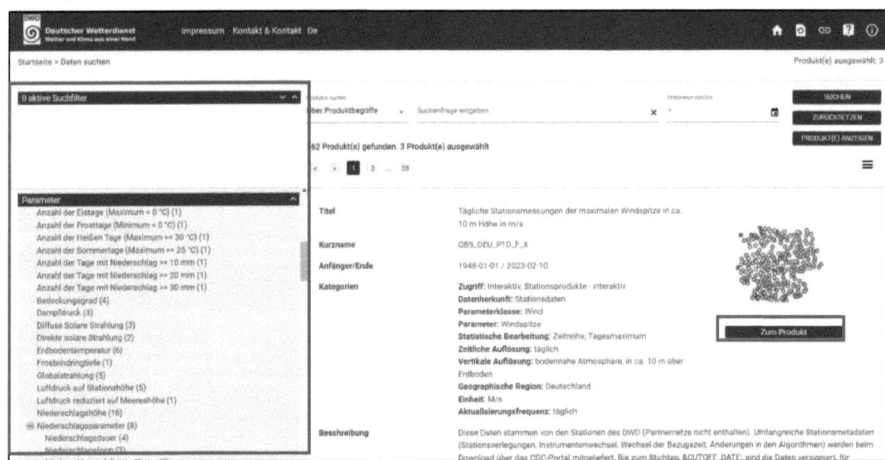

Anhang 3: Kartenansicht CDC-Portal

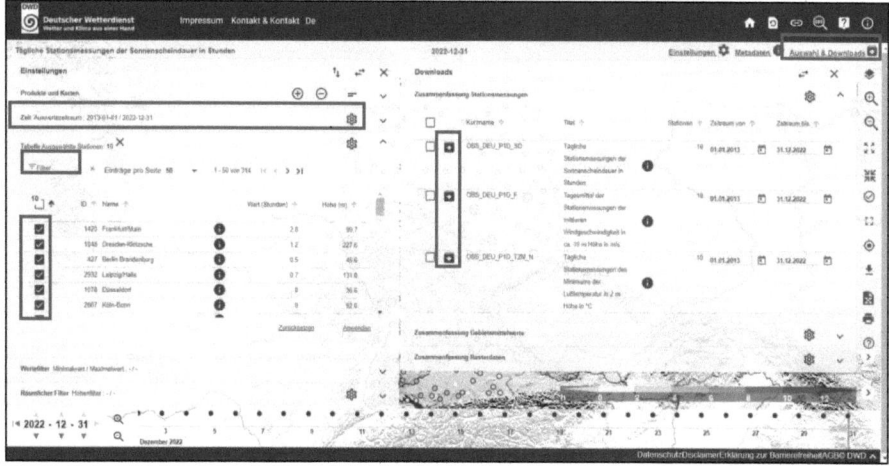

Anhang 4: Pakete laden, Arbeitspfad definieren, Dateien importieren

```
1  install.packages("tidyverse") #Pakete installieren
2  library("tidyverse") #Pakete laden
3  install.packages("dplyr")
4  library("dplyr")
5  install.packages("readxl")
6  library("readxl")
7  setwd("C:\\Users\\Lenovo\\OneDrive\\Dokumente\\Falllstudie") #Arbeitspfad
8  Sonnenscheindauer <- read_xlsx("Sonnenscheindauer_h.xlsx", sheet = NULL, range = NULL) #Import Excel-Datei
9  Temperatur <- read_xlsx("Temperatur_c.xlsx", sheet=NULL, range=NULL)
10 Windgeschwindigkeit <- read_xlsx("Windgeschwindigkeit_kmh.xlsx", sheet=NULL, range=NULL)
```

Anhang 5: Temperatur nach Ort

```
T_Dresden <- filter(Temperatur, Ort_ID==1048)
T_Düsseldorf <- filter(Temperatur, Ort_ID==1078)
T_Erfurt <- filter(Temperatur, Ort_ID==1270)
T_Berlin <- filter(Temperatur, Ort_ID==427)
T_Hannover <- filter(Temperatur, Ort_ID==2014)
T_Leipzig <- filter(Temperatur, Ort_ID==2932)
T_Frankfurt <- filter(Temperatur, Ort_ID==1420)
T_Köln <- filter(Temperatur, Ort_ID==2667)
T_Essen <- filter(Temperatur, Ort_ID==1303)
T_Magdeburg <- filter(Temperatur, Ort_ID==3126)
```

Anhang 6: Berechnung Mittelwert und Standardabweichung Temperatur je Ort

```
summarise(T_Berlin, mean(Wert_T, na.rm = TRUE), sd(Wert_T, na.rm=TRUE))
summarise(T_Düsseldorf, mean(Wert_T, na.rm = TRUE), sd(Wert_T, na.rm=TRUE))
summarise(T_Erfurt, mean(Wert_T, na.rm = TRUE), sd(Wert_T, na.rm=TRUE))
summarise(T_Essen, mean(Wert_T, na.rm = TRUE), sd(Wert_T, na.rm=TRUE))
summarise(T_Frankfurt, mean(Wert_T, na.rm = TRUE), sd(Wert_T, na.rm=TRUE))
summarise(T_Hannover, mean(Wert_T, na.rm = TRUE), sd(Wert_T, na.rm=TRUE))
summarise(T_Leipzig, mean(Wert_T, na.rm = TRUE), sd(Wert_T, na.rm=TRUE))
summarise(T_Magdeburg, mean(Wert_T, na.rm = TRUE), sd(Wert_T, na.rm=TRUE))
summarise(T_Köln, mean(Wert_T, na.rm = TRUE), sd(Wert_T, na.rm=TRUE))
summarise(T_Dresden, mean(Wert_T, na.rm = TRUE), sd(Wert_T, na.rm=TRUE))
```

Anhang 7: Tabelle Liste bearbeiten

```
> Liste <- edit(as.data.frame(Liste))
```

Anhang 8: T_Mittelwert und T_Standardabweichung in Liste überführen

	Ort	S_Mittelwert	S_Standardabweichung	T_Mittelw>	T_Standar>
1	Hannover	4.51	4.33	6.19	6.09
2	Erfurt	4.76	4.35	5.32	6.54
3	Duesseldorf	4.64	4.36	6.88	5.98
4	Magdeburg	4.91	4.39	6.36	6.36
5	Koeln	4.52	4.4	6.27	5.91
6	Essen	4.67	4.41	7.58	5.85
7	Berlin	4.94	4.51	6.09	6.71
8	Leipzig	5.26	4.52	6.21	6.67
9	Dresden	5.09	4.54	6.38	6.72
10	Frankfurt	5.01	4.61	6.88	6.47
11					
12					

Anhang 9: Liste sortiert aufsteigend der T_Standardabweichung

```
> Liste <- Liste[order(Liste$T_Standardabweichung),]
> Liste
          Ort S_Mittelwert S_Standardabweichung T_Mittelwert T_Standardabweichung
4       Essen         4.67                 4.41         7.58                 5.85
9       Koeln         4.52                 4.40         6.27                 5.91
2  Duesseldorf        4.64                 4.36         6.88                 5.98
6    Hannover         4.51                 4.33         6.19                 6.09
8   Magdeburg         4.91                 4.39         6.36                 6.36
5   Frankfurt         5.01                 4.61         6.88                 6.47
3      Erfurt         4.76                 4.35         5.32                 6.54
7     Leipzig         5.26                 4.52         6.21                 6.67
1      Berlin         4.94                 4.51         6.09                 6.71
10    Dresden         5.09                 4.54         6.38                 6.72
```

Anhang 10: Windgeschwindigkeit nach Ort

```
W_Dresden <- filter(Windgeschwindigkeit, Ort_ID==1048)
W_Düsseldorf <- filter(Windgeschwindigkeit, Ort_ID==1078)
W_Erfurt <- filter(Windgeschwindigkeit, Ort_ID==1270)
W_Berlin <- filter(Windgeschwindigkeit, Ort_ID==427)
W_Hannover <- filter(Windgeschwindigkeit, Ort_ID==2014)
W_Leipzig <- filter(Windgeschwindigkeit, Ort_ID==2932)
W_Frankfurt <- filter(Windgeschwindigkeit, Ort_ID==1420)
W_Köln <- filter(Windgeschwindigkeit, Ort_ID==2667)
W_Essen <- filter(Windgeschwindigkeit, Ort_ID==1303)
W_Magdeburg <- filter(Windgeschwindigkeit, Ort_ID==3126)
```

Anhang 11: Berechnung Mittelwert und Standardabweichung Windgeschwindigkeit je Ort

```
summarise(W_Berlin, mean(Wert_W, na.rm = TRUE), sd(Wert_W, na.rm=TRUE))
summarise(W_Düsseldorf, mean(Wert_W, na.rm = TRUE), sd(Wert_W, na.rm=TRUE))
summarise(W_Erfurt, mean(Wert_W, na.rm = TRUE), sd(Wert_W, na.rm=TRUE))
summarise(W_Essen, mean(Wert_W, na.rm = TRUE), sd(Wert_W, na.rm=TRUE))
summarise(W_Frankfurt, mean(Wert_W, na.rm = TRUE), sd(Wert_W, na.rm=TRUE))
summarise(W_Hannover, mean(Wert_W, na.rm = TRUE), sd(Wert_W, na.rm=TRUE))
summarise(W_Leipzig, mean(Wert_W, na.rm = TRUE), sd(Wert_W, na.rm=TRUE))
summarise(W_Magdeburg, mean(Wert_W, na.rm = TRUE), sd(Wert_W, na.rm=TRUE))
summarise(W_Köln, mean(Wert_W, na.rm = TRUE), sd(Wert_W, na.rm=TRUE))
summarise(W_Dresden, mean(Wert_W, na.rm = TRUE), sd(Wert_W, na.rm=TRUE))
```

Anhang 12: Tabelle Liste bearbeiten

```
> Liste <- edit(as.data.frame(Liste))
```

Anhang 13: W_Mittelwert und W_Standardabweichung in Liste überführen

Datei	Bearbeiten	Hilfe						
	row.names	Ort	S_Mittelwert	S_Standardabweichung	T_Mittelwert	T_Standardabweichung	W_Mittelw>	W_Standar>
1	4	Essen	4.67	4.41	7.58	5.85	3.25	1.28
2	9	Koeln	4.52	4.4	6.27	5.91	3.24	1.24
3	2	Duesseldorf	4.64	4.36	6.88	5.98	4.03	1.79
4	6	Hannover	4.51	4.33	6.19	6.09	3.83	1.6
5	8	Magdeburg	4.91	4.39	6.36	6.36	2.55	1.08
6	5	Frankfurt	5.01	4.61	6.88	6.47	3.34	1.56
7	3	Erfurt	4.76	4.35	5.32	6.54	4.15	2.01
8	7	Leipzig	5.26	4.52	6.21	6.67	4.09	1.87
9	1	Berlin	4.94	4.51	6.09	6.71	4.16	1.76
10	10	Dresden	5.09	4.54	6.38	6.72	4.09	1.66
11								

Anhang 14: Liste sortiert aufsteigend der W_Standardabweichung

```
> Liste <- Liste[order(Liste$W_Standardabweichung),]
> Liste
```

	Ort	S_Mittelwert	S_Standardabweichung	T_Mittelwert	T_Standardabweichung	W_Mittelwert	W_Standardabweichung
8	Magdeburg	4.91	4.39	6.36	6.36	2.55	1.08
9	Koeln	4.52	4.40	6.27	5.91	3.24	1.24
4	Essen	4.67	4.41	7.58	5.85	3.25	1.28
5	Frankfurt	5.01	4.61	6.88	6.47	3.34	1.56
6	Hannover	4.51	4.33	6.19	6.09	3.83	1.60
10	Dresden	5.09	4.54	6.38	6.72	4.09	1.66
1	Berlin	4.94	4.51	6.09	6.71	4.16	1.76
2	Duesseldorf	4.64	4.36	6.88	5.98	4.03	1.79
7	Leipzig	5.26	4.52	6.21	6.67	4.09	1.87
3	Erfurt	4.76	4.35	5.32	6.54	4.15	2.01

Anhang 15: Anpassung Excel-Datei für Daten der letzten drei Jahre

	A	B	C	D	E	F	G	H	I	J	K
1	Zeitstempel	Dresden	Düsseldorf	Erfurt	Essen	Frankfurt	Hannover	Köln	Leipzig	Magdeburg	Berlin
2	01.01.2020	3,93	5,43	0	7,35	7,25	4,58	2,52	12,5	6,6	1,2
3	02.01.2020	7,55	0,17	0,25	0,1	0	5,9	0,8	8,23	6,68	6,72
4	03.01.2020	0	0,03	5,67	0	0	0	0	7,63	0	0
5	04.01.2020	0	0	4,67	0	0	0	0	8,3	0	0
6	05.01.2020	1,77	0	2,08	0	0	0,12	0	15,32	2,35	2,52
7	06.01.2020	0	4,05	0,53	3,93	0	0	5,25	15,17	0	1,08
8	07.01.2020	0,57	0,32	5	0,15	2,83	0,28	0,15	9,82	0,08	0
9	08.01.2020	0	0	5,93	0	0	0	0	3,47	0	0
10	09.01.2020	0	0	7,2	0	0	0	0	3,37	0	0
11	10.01.2020	0,15	0	0,65	0	2,83	0,93	0	4,2	1,08	1,77
12	11.01.2020	0,53	1,05	0,33	0,9	3,53	3,97	0,92	1,32	5,08	1,48
13	12.01.2020	4,58	0	5,5	0,12	0	0,03	2,57	4,37	3,18	5,98
14	13.01.2020	0,12	1,05	7,6	2,07	0	1,18	1,73	1,82	4,05	2,57
15	14.01.2020	2,2	0	1,8	0	0,05	0	0	2,32	0	0,33
16	15.01.2020	2,55	1,47	2,72	1,78	6,92	4,18	1,95	0,95	4,12	1,52
17	16.01.2020	6,52	7,08	7,47	7,78	7,4	6,83	6,88	8,37	7,18	7,25
18	17.01.2020	7,23	0,02	0	0,15	2,42	5,1	0,13	11,27	7,17	7
19	18.01.2020	0	1,47	0	0,02	2,47	1,02	1,35	0,47	0,77	1,7
20	19.01.2020	0	0,8	1,43	1,03	0,63	3,43	0,43	12,17	2,3	0,08
21	20.01.2020	1,68	0	1	0,05	6,05	0,38	0,93	7,73	0,88	2,9
22	21.01.2020	8,2	7,37	0,27	7,83	8,27	7,15	7,12	6	7,45	7,45

Anhang 16: R-Skript Visualisierung Boxplots je Parameter und Ort

```
install.packages("ggplot2")
library("ggplot2")

#Import Excel-Datei mit Sonnescheindauer der letzten drei Jahre je Ort
s_drei_Jahre <- read_xlsx("Sonnenscheindauer_normalisiert.xlsx", sheet = NULL, range = NULL)

#Boxplot Sonnenscheindauer der letzten 3 Jahre
boxplot(s_drei_Jahre$Berlin, xlab="Berlin", ylab="Sonnenscheindauer")
boxplot(s_drei_Jahre$Dresden, xlab="Dresden", ylab="Sonnenscheindauer")
boxplot(s_drei_Jahre$Düsseldorf, xlab="Düsseldorf", ylab="Sonnenscheindauer")
boxplot(s_drei_Jahre$Erfurt, xlab="Erfurt", ylab="Sonnenscheindauer")
boxplot(s_drei_Jahre$Essen, xlab="Essen", ylab="Sonnenscheindauer")
boxplot(s_drei_Jahre$Frankfurt, xlab="Frankfurt", ylab="Sonnenscheindauer")
boxplot(s_drei_Jahre$Hannover, xlab="Hannover", ylab="Sonnenscheindauer")
boxplot(s_drei_Jahre$Köln, xlab="Köln", ylab="Sonnenscheindauer")
boxplot(s_drei_Jahre$Leipzig, xlab="Leipzig", ylab="Sonnenscheindauer")
boxplot(s_drei_Jahre$Magdeburg, xlab="Magdeburg", ylab="Sonnenscheindauer")

#Import Excel-Datei mit Temperatur der letzten drei Jahre je Ort
T_drei_Jahre <- read_xlsx("Temperatur_c_normalisiert.xlsx", sheet = NULL, range = NULL)

#Boxplot Temperatur der letzten 3 Jahre
boxplot(T_drei_Jahre$Berlin, xlab="Berlin", ylab="Temperatur")
boxplot(T_drei_Jahre$Dresden, xlab="Dresden", ylab="Temperatur")
boxplot(T_drei_Jahre$Düsseldorf, xlab="Düsseldorf", ylab="Temperatur")
boxplot(T_drei_Jahre$Erfurt, xlab="Erfurt", ylab="Temperatur")
boxplot(T_drei_Jahre$Essen, xlab="Essen", ylab="Temperatur")
boxplot(T_drei_Jahre$Frankfurt, xlab="Frankfurt", ylab="Temperatur")
boxplot(T_drei_Jahre$Hannover, xlab="Hannover", ylab="Temperatur")
boxplot(T_drei_Jahre$Köln, xlab="Köln", ylab="Temperatur")
boxplot(T_drei_Jahre$Leipzig, xlab="Leipzig", ylab="Temperatur")
boxplot(T_drei_Jahre$Magdeburg, xlab="Magdeburg", ylab="Temperatur")

#Import Excel-Datei mit Windgeschwindigkeit der letzten drei Jahre je Ort
W_drei_Jahre <- read_xlsx("windgeschwindigkeit_kmh_normalisiert.xlsx", sheet = NULL, range = NULL)

#Boxplot Windgeschwindigkeit der letzten 3 Jahre
boxplot(W_drei_Jahre$Berlin, xlab="Berlin", ylab="Windgeschwindigkeit")
boxplot(W_drei_Jahre$Dresden, xlab="Dresden", ylab="Windgeschwindigkeit")
boxplot(W_drei_Jahre$Düsseldorf, xlab="Düsseldorf", ylab="Windgeschwindigkeit")
boxplot(W_drei_Jahre$Erfurt, xlab="Erfurt", ylab="Windgeschwindigkeit")
boxplot(W_drei_Jahre$Essen, xlab="Essen", ylab="Windgeschwindigkeit")
boxplot(W_drei_Jahre$Frankfurt, xlab="Frankfurt", ylab="Windgeschwindigkeit")
boxplot(W_drei_Jahre$Hannover, xlab="Hannover", ylab="Windgeschwindigkeit")
boxplot(W_drei_Jahre$Köln, xlab="Köln", ylab="Windgeschwindigkeit")
boxplot(W_drei_Jahre$Leipzig, xlab="Leipzig", ylab="Windgeschwindigkeit")
boxplot(W_drei_Jahre$Magdeburg, xlab="Magdeburg", ylab="Windgeschwindigkeit")
```

Anhang 17: Boxplots Sonnenscheindauer 01.01.2020-31.12.2022

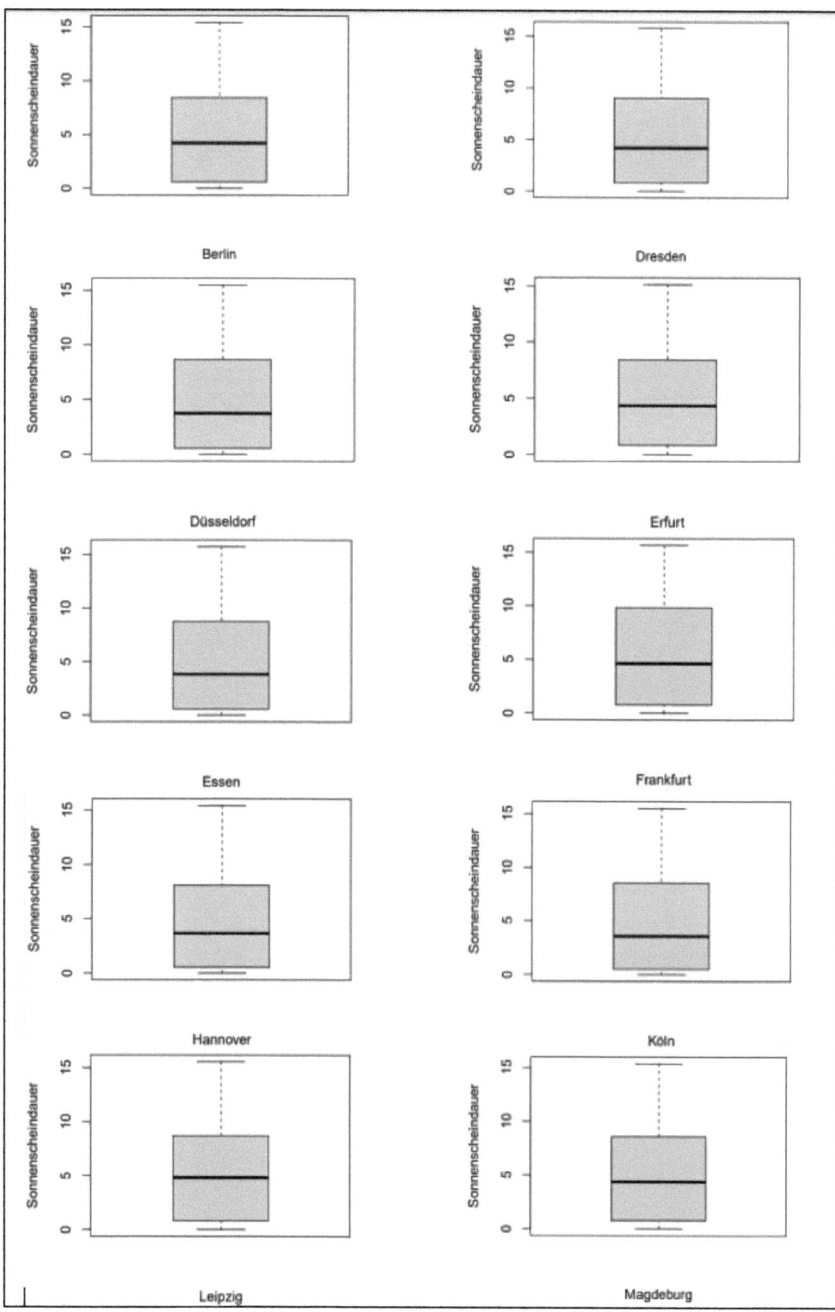

Anhang 18: Boxplots Temperatur 01.01.2020-31.12.2022

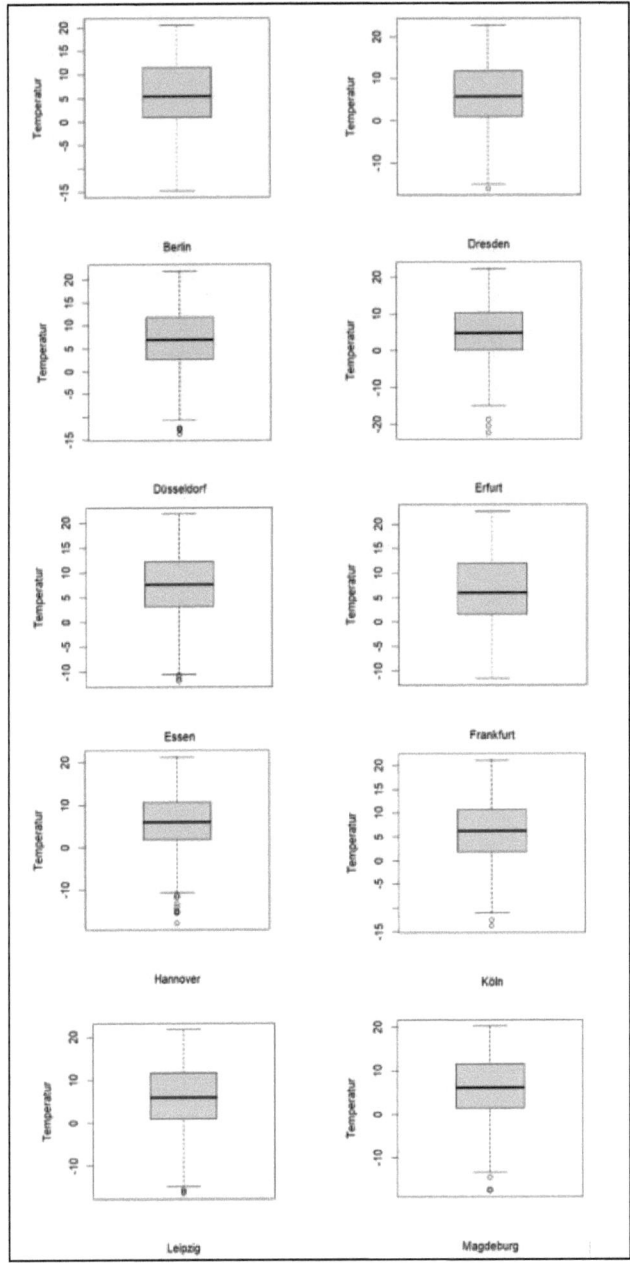

Anhang 19: Boxplots Windgeschwindigkeit 01.01.2020-31.12.2022

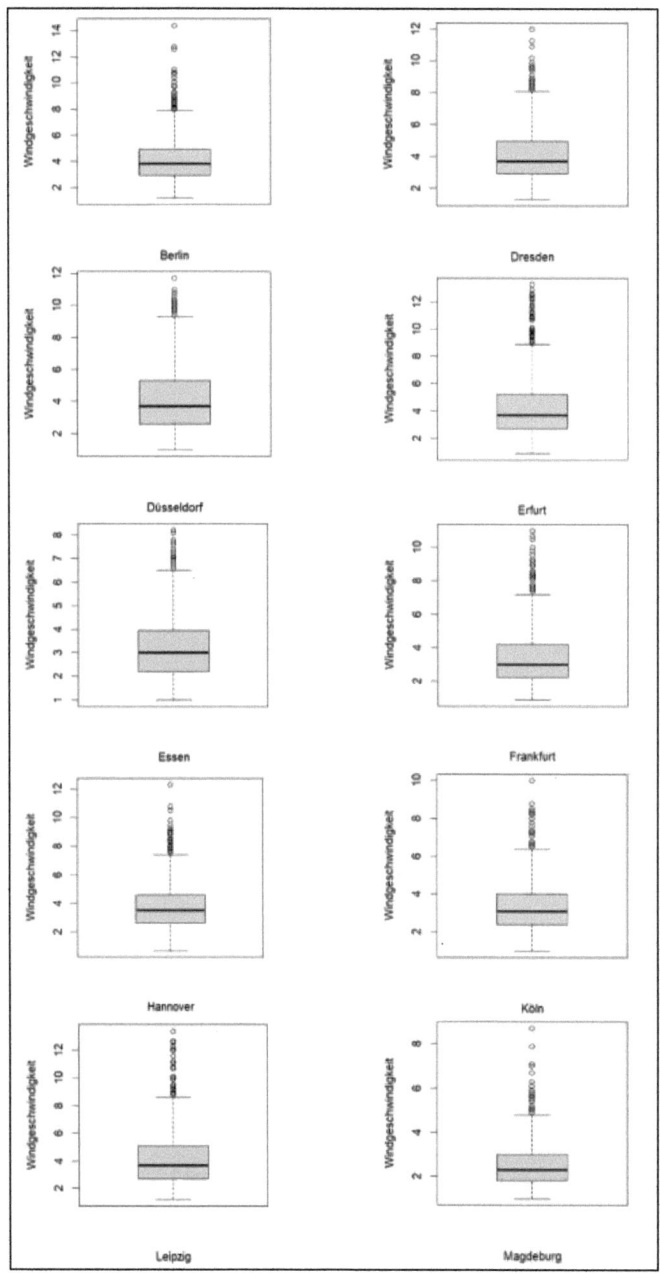

Anhang 20: Auszug Excel-Datei Essen_So_Te

	A	B	C	D
1	Ort_ID	Zeitstempel	Wert_S	Wert_T
2	Essen	01.01.2013	0	3,3
3	Essen	02.01.2013	0	3,4
4	Essen	03.01.2013	0	5,8
5	Essen	04.01.2013	0	7,4
6	Essen	05.01.2013	0	6,2
7	Essen	06.01.2013	0	6
8	Essen	07.01.2013	0	6
9	Essen	08.01.2013	0	4,4
10	Essen	09.01.2013	0	4,2
11	Essen	10.01.2013	0,3	0,5
12	Essen	11.01.2013	4,3	-2,7
13	Essen	12.01.2013	7	-3,7
14	Essen	13.01.2013	6,8	-6,1

Anhang 21: Streudiagramm mit linearer Regression je Quartal 2013-2022

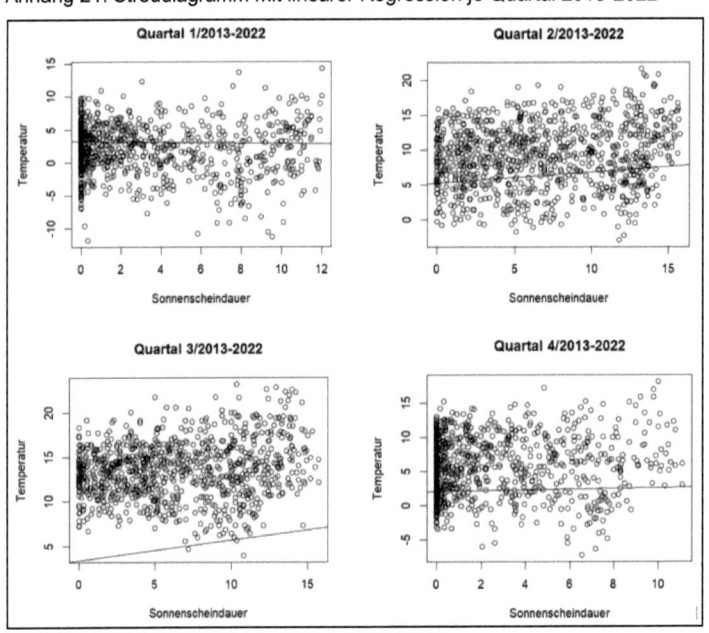

Anhang 22: R-Skript Datenaufbereitung lineare Regression

```r
#Erstellung Streudiagramm der Variablen x und y der vergangen 10 Jahre
plot(Essen_So_Te$Wert_S, Essen_So_Te$Wert_T)

#Filter Quartale
Quartal_1 <- filter(Essen_So_Te, Quartal=="1")
Quartal_2 <- filter(Essen_So_Te, Quartal=="2")
Quartal_3 <- filter(Essen_So_Te, Quartal=="3")
Quartal_4 <- filter(Essen_So_Te, Quartal=="4")

#Streudiagramm je Quartal
plot(Quartal_1$Wert_S, Quartal_1$Wert_T, xlab="Sonnenscheindauer", ylab="Temperatur", main = "Quartal 1/2013-2022")
plot(Quartal_2$Wert_S, Quartal_2$Wert_T, xlab="Sonnenscheindauer", ylab="Temperatur", main = "Quartal 2/2013-2022")
plot(Quartal_3$Wert_S, Quartal_3$Wert_T, xlab="Sonnenscheindauer", ylab="Temperatur", main = "Quartal 3/2013-2022")
plot(Quartal_4$Wert_S, Quartal_4$Wert_T, xlab="Sonnenscheindauer", ylab="Temperatur", main = "Quartal 4/2013-2022")

#Berechnung lineare Regression je Quartal
Modell_1 <- lm(Wert_S~Wert_T, data = Quartal_1)
Modell_2 <- lm(Wert_S~Wert_T, data = Quartal_2)
Modell_3 <- lm(Wert_S~Wert_T, data = Quartal_3)
Modell_4 <- lm(Wert_S~Wert_T, data = Quartal_4)

#Streudiagramm mit linearer Regression
abline(Modell_1)
abline(Modell_2)
abline(Modell_3)
abline(Modell_4)
```

Anhang 23.1: R-Skript Regressionsmodell

```r
#Zeilennummer hinzufugen
Quartal_1 <-
  Quartal_1%>%
  mutate(id = row_number())
Quartal_2 <-
  Quartal_2%>%
  mutate(id = row_number())
Quartal_3 <-
  Quartal_3%>%
  mutate(id = row_number())
Quartal_4 <-
  Quartal_4%>%
  mutate(id = row_number())

#Trainingsdatensatz
train_1 <-
  Quartal_1%>%
  slice(1:631)
train_2 <-
  Quartal_2%>%
  slice(1:637)
train_3 <-
  Quartal_3%>%
  slice(1:644)
train_4 <-
  Quartal_4%>%
  slice(1:644)
#Testdatensatz
test_1 <-
  Quartal_1%>%
  slice(632:902)
test_2 <-
  Quartal_2%>%
  slice(638:910)
test_3 <-
  Quartal_3%>%
  slice(645:920)
test_4 <-
  Quartal_4%>%
  slice(645:920)
```

Anhang 23.2: R-Skript Regressionsmodell

```
#Modellierung lineare Regression Trainingsdatensatz
lm_test1 <- lm(Wert_T~Wert_S, data = train_1)
lm_test2 <- lm(Wert_T~Wert_S, data = train_2)
lm_test3 <- lm(Wert_T~Wert_S, data = train_3)
lm_test4 <- lm(Wert_T~Wert_S, data = train_4)

#Vorhersage anhand Trainingsdatensatz
predict(lm_test1, newdata = test_1)
predict(lm_test2, newdata = test_2)
predict(lm_test3, newdata = test_3)
predict(lm_test4, newdata = test_4)

#Vorhersageergebnisse in Tabelle integrieren
test_1 <-
  test_1%>%
  mutate(Vorhersage = predict(lm_test1, newdata = test_1))
test_2 <-
  test_2%>%
  mutate(Vorhersage = predict(lm_test2, newdata = test_2))
test_3 <-
  test_3%>%
  mutate(Vorhersage = predict(lm_test3, newdata = test_3))
test_4 <-
  test_4%>%
  mutate(Vorhersage = predict(lm_test4, newdata = test_4))

#Streudiagramm Testdaten
plot(test_1$Wert_S, test_1$Vorhersage, xlab="Sonnenscheindauer", ylab="Temperatur", main = "Quartal 1 Vorhersage 3 Jahre")
plot(test_2$Wert_S, test_2$Vorhersage, xlab="Sonnenscheindauer", ylab="Temperatur", main = "Quartal 2 Vorhersage 3 Jahre")
plot(test_3$Wert_S, test_3$Vorhersage, xlab="Sonnenscheindauer", ylab="Temperatur", main = "Quartal 3 Vorhersage 3 Jahre")
plot(test_4$Wert_S, test_4$Vorhersage, xlab="Sonnenscheindauer", ylab="Temperatur", main = "Quartal 4 Vorhersage 3 Jahre")

#Regressionsgerade hinzufügen
abline(lm_test1)
abline(lm_test2)
abline(lm_test3)
abline(lm_test4)
```

Anhang 24: Excel-Datei Essen_So_Te

	A	B
1	Zeitstempel	Wert_T
2	2013-01-01	3,3
3	2013-01-02	3,4
4	2013-01-03	5,8
5	2013-01-04	7,4
6	2013-01-05	6,2
7	2013-01-06	6
8	2013-01-07	6
9	2013-01-08	4,4
10	2013-01-09	4,2
11	2013-01-10	0,5
12	2013-01-11	-2,7
13	2013-01-12	-3,7
14	2013-01-13	-6,1
15	2013-01-14	-6,4
16	2013-01-15	-4,2
17	2013-01-16	-4,6
18	2013-01-17	-5,2
19	2013-01-18	-3,7
20	2013-01-19	-6,9
21	2013-01-20	-7
22	2013-01-21	-3,5
23	2013-01-22	-3,6
24	2013-01-23	-4,8
25	2013-01-24	-6,9
26	2013-01-25	-3,9

Anhang 25: Visualisierung Temperatur 2020-2022

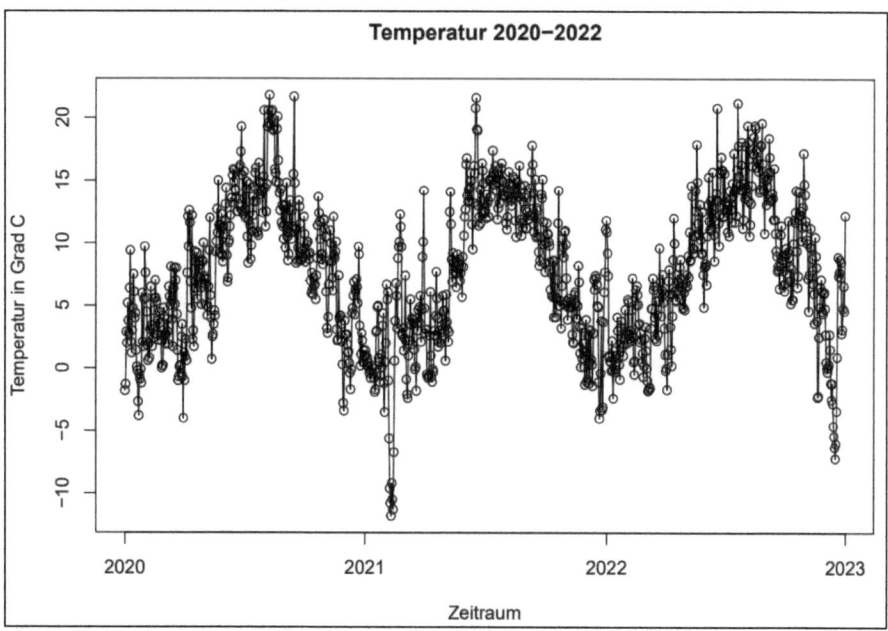

Anhang 26: Visualisierung Vorhersage

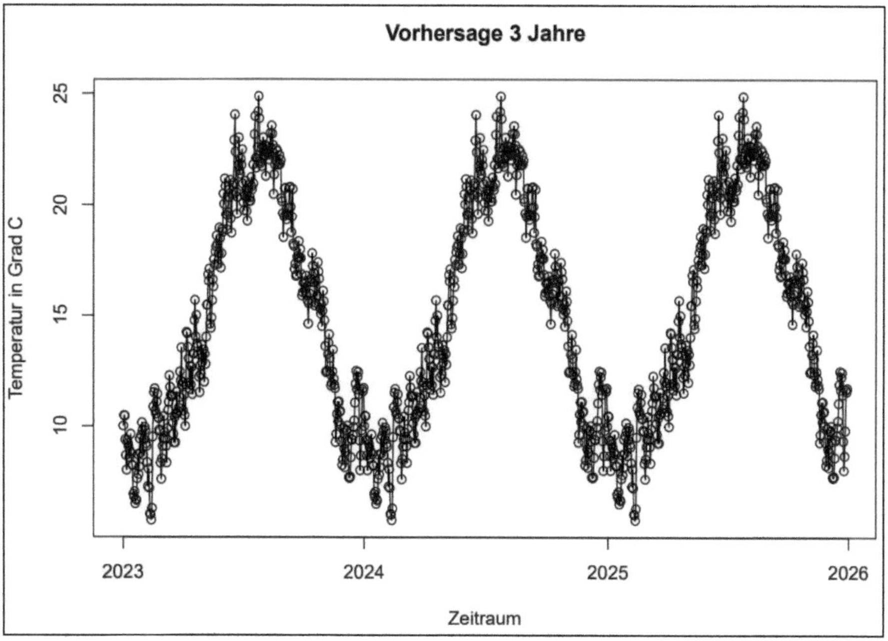